Académie des Sciences, Belles-Lettres et Arts de Rouen

MONTCALM

ET

LA DÉFENSE DU CANADA

RÉPONSE

AU DISCOURS DE RÉCEPTION DE M. CHRISTOPHE ALLARD

Par M. A. HÉRON, Président

ROUEN

IMPRIMERIE DE ESPÉRANCE CAGNIARD

88, rue Jeanne-Darc, 88

—

1888

Académie des Sciences, Belles-Lettres et Arts de Rouen

MONTCALM

ET

LA DÉFENSE DU CANADA

RÉPONSE

AU DISCOURS DE RÉCEPTION DE M. CHRISTOPHE ALLARD

Par M. A. HÉRON, Président

ROUEN

IMPRIMERIE DE ESPÉRANCE CAGNIARD

88, rue Jeanne-Darc, 88

—

1888

MONTCALM ET LA DÉFENSE DU CANADA

Réponse
au Discours de Réception de M. Christophe Allard

Par M. A. HÉRON, Président

Monsieur,

Vous aimez les Canadiens-Français ; c'est un lien de plus qui vous unit à notre Compagnie. Les sentiments que vous venez de nous exprimer avec une émotion communicative ne pouvaient manquer de trouver un écho dans cette assemblée qui, tout récemment, s'est fait honneur d'inscrire au nombre de ses membres correspondants deux des écrivains les plus distingués du Canada, le poète Louis Fréchette et le publiciste Benjamin Sulte. Comme vous, Monsieur, nous aimons le pays qui porta jadis le beau nom de Nouvelle-France : nous l'aimons pour tous ces découvreurs, tous ces colons, tous ces missionnaires dont vous nous avez, dans un récit que plus d'un d'entre nous aura trouvé bien court, retracé la glorieuse histoire ; nous l'aimons pour la lutte désespérée qu'il soutint afin de se conserver à la mère-patrie, sans se laisser rebuter par un inqualifiable abandon ; nous l'aimons pour cette affection profonde qu'il n'a jamais cessé, malgré tout, d'éprouver pour la France. Nous n'avons garde encore d'oublier que de ces Français d'outre-mer il est un grand nombre dont les pères étaient nés sur le vieux sol normand. Et pour me servir d'une expression qui leur est familière, ils sont bien « nos gens » ces descendants de nos anciens colons qui accueillent avec une sympathie si vive, avec un empressement si touchant, ceux de nos compatriotes qui, comme vous, vont leur parler de la France. Vous avez, Monsieur, gardé un souvenir ému de la réception qu'ils vous ont faite, et c'est une dette de reconnaissance que vous voulez acquitter en venant nous entretenir aujourd'hui du Canada.

Aux applaudissements qui ont salué votre éloquent discours oserai-je, Monsieur, mêler une critique ? Vous venez de nous prouver, une fois de plus, qu'on est mauvais juge en sa propre cause. Vous avez cherché quelle raison avait guidé l'Académie lorsque, à deux reprises, elle a porté sur vous ses suffrages, et votre esprit, toujours si fin et si judicieux, s'est écarté cette fois du bon chemin. Je serai cependant d'accord avec vous sur un point. Oui, vous avez raison de le croire : l'élégant écrivain doublé d'un savant érudit, que notre Académie n'est pas la seule à apprécier comme il le mérite, nous a appris depuis longtemps à estimer et à aimer votre nom ; mais, dût votre modestie s'alarmer de mes paroles, j'affirmerai hautement que vous n'aviez nul besoin de ce fraternel patronage. Votre valeur personnelle suffisait amplement à fixer notre choix ; c'est à elle, à elle seule que nous devons le plaisir, peu commun assurément, mais que notre Académie connaissait déjà, de saluer en deux frères l'heureuse union de la délicatesse du cœur et de l'élégance de l'esprit.

Et maintenant, Monsieur, que j'ai fini de vous chercher querelle, — oserai-je espérer que vous ne m'en garderez pas rancune? — me voici plus à mon aise. J'ai tort pourtant de parler ainsi, car je voudrais dire mon sentiment sur les deux ouvrages que nous vous devons, et pour l'un deux, il faut bien que j'en fasse l'aveu, mon embarras est extrême. Voyez, en effet, l'étrange chose! Je suis Normand, et je n'entends rien à la procédure. Encore bien moins suis-je en état de comprendre les savantes considérations que vous avez exposées dans votre *Etude sur la chose jugée en droit civil*. Tout cela, et je l'avoue à ma confusion, est pour moi lettre close. Aussi, dans la crainte de dire quelque sottise et de m'attirer, en parlant de ce que je ne connais pas, une variante méritée du fameux vers de Boileau :

Grands mots que Pradon croit des termes de chimie,

je m'abriterai prudemment derrière l'autorité des excellents juges qui nous ont entretenus de cet ouvrage et, me servant de leurs propres expressions, je dirai qu'on trouve « dans votre solide et consciencieuse étude le caractère propre de votre intelligence : la fermeté unie à la netteté, — fermeté dans les déductions juridiques, netteté dans l'exposition des systèmes. »

J'aime mieux vous suivre dans vos voyages et prendre avec vous le paquebot en partance pour le Nouveau-Monde. Là, du moins, dans cette *Promenade* que vous

me ferez faire *au Canada et aux Etats-Unis*, je
pourrai entendre votre langage et m'instruire à votre
école. Aussi bien quel agréable compagnon vous faites
et que vous ressemblez peu au commun des voyageurs!
Il y en a bien des espèces : il y a le voyageur... ingénu,
dont l'admiration facile s'extasie à chaque détour de
chemin et qui, dans son ignorance naïve, tombe à tout
instant de merveille en merveille ; puisque le bonheur
est dans l'innocence, c'est assurément le plus heureux
de tous. Il y a le voyageur instruit... par le *Guide
Conti* ou le *Guide Joanne, doctus cum libro*, comme
on dit dans l'école, qui n'admire qu'à bon escient et,
pour ainsi dire, sur commande, et qui tient pour seules
authentiques les beautés officiellement reconnues ; il a
le respect de l'autorité ; saluons-le, c'est chose assez rare
en ce temps. Il y a le voyageur blasé qui promène sa
superbe indifférence de la montagne au lac et du lac
à la montagne ; merveilles de l'art, merveilles de la
nature, rien ne saurait le tirer de son engourdissement ;
tout ce qu'il peut faire, c'est de s'ennuyer avec cons-
cience ; plaignons-le et surtout gardons-nous bien de
l'imiter. Ajoutons encore que la plupart de ces voyageurs cèdent à une impérieuse et souveraine maîtresse,
la mode, et que leur plus grand bonheur n'est pas tant
de voyager que de pouvoir dans un salon faire assaut
avec leurs pareils de connaissances qui ne compensent pas
par l'étendue ce qui leur manque en solidité. Les enten-
dez-vous prononcer avec un pur accent les noms des
lieux qu'ils ont visités ? Ils n'ont pas perdu leur argent ;
voilà qu'ils savent à fond les langues étrangères ; on

s'instruit tant à voyager. Vous n'appartenez, Monsieur, à aucune de ces classes de désœuvrés. Le banal et le convenu n'ont aucun attrait pour vous ; votre curiosité n'est mise en éveil que par les spectacles qui font penser. Aussi, vous écartant des routes habituellement suivies, êtes-vous allé visiter ce monde de l'Amérique, si jeune et déjà si puissant, dont la civilisation à marche rapide et quelque peu désordonnée offre aux yeux d'un Européen, judicieux comme vous l'êtes, un intérêt si palpitant et soulève tant de graves et redoutables problèmes. J'aurais plaisir à vous suivre au milieu de ces grandes scènes de la nature que vous décrivez si bien, à me pencher, comme vous, en frémissant sur cet abîme où le Niagara précipite le tonnerre de ses eaux, à pénétrer dans les mystérieuses profondeurs des grottes du Mammouth ; j'aimerais à visiter avec vous ces cités des Etats-Unis, nées pour ainsi dire d'hier, et déjà immenses, où tout est mené avec une rapidité qui donne le vertige. Mais vous m'appelez au Canada ; je m'empresse de vous y suivre et je vais y rester avec vous.

Dans le remarquable discours que vous venez de nous faire entendre, vous avez embrassé d'un vaste coup d'œil l'histoire entière de la Nouvelle-France ; vous avez, dans un récit sommaire mais toujours lumineux et attachant, exposé l'origine et les développements de la puissance française dans les vallées du Saint-Laurent et du Mississipi jusqu'au jour où cette puissance s'abîma tout à coup dans la plus terrible des tempêtes. Au cours de cette étude, vous avez rencontré le nom de l'héroïque Montcalm ; tout en mettant en lumière la grande figure de cet intrépide soldat, votre plan vous interdisait un développement que nous aurions tous désiré. Je vais essayer — après vous quel danger ! — de fixer quelques traits de cette histoire faite de sang et de larmes, et de dire ce que fut Montcalm jusqu'au jour funeste où dans les plaines d'Abraham tomba cette glorieuse victime qui emportait avec elle le dernier espoir du Canada.

Louis-Joseph, marquis de Montcalm-Gozon de Saint-Véran, naquit au château de Candiac, près Nîmes, le 29 février 1712. Il n'avait que six ans quand il fut confié aux soins d'un maître distingué Louis Dumas, fils naturel de son grand-père. Ce précepteur n'était pas un maître ordinaire. Ami de l'illustre philosophe Malebranche, il avait étudié d'abord la jurisprudence et les sciences exactes. Son nom appartient à l'histoire de la pédagogie ; il avait inventé une méthode nouvelle d'enseignement dont il savait obtenir de merveilleux résultats ; c'est ce qu'on appelle le *bureau typographique.* Mais cette méthode avait, paraît-il, ses dangers. Un jeune frère du marquis de Montcalm, que l'on cite au nombre des enfants extraordinaires, savait, grâce à Dumas, dès l'âge de six ans, le latin, le grec et l'hébreu ; il possédait des notions étendues d'histoire ancienne et d'histoire de France ; il connaissait l'arithmétique, la géométrie et le blason. A sept ans, il avait cessé de vivre ; l'esprit avait tué le corps, et l'Église, à laquelle il était destiné, perdait en lui une de ses futures lumières.

Le marquis de Montcalm sut, heureusement pour lui et pour la France, résister à cette méthode d'entraînement. Il paraît qu'il se pliait difficilement à toutes les exigences de Dumas ; le précepteur écrivait au père que le jeune disciple ne se soumettait pas avec assez de docilité aux avis qu'il lui donnait. Le caractère de Montcalm, qui fut toujours ardent et impétueux, explique ces plaintes sans les justifier pourtant, car il semble avoir compris d'une manière assez satisfaisante les devoirs que lui imposait sa naissance. Et, en effet, le plan qu'il se prescrivait à lui-même et qu'il communiquait à son père soit pour prévenir les doléances de Dumas, soit pour y répondre, comprenait bien tout ce qu'on demandait alors à un gentilhomme. Il se proposait, disait-il, d'être un homme honnête, brave et chrétien ; de connaître autant de grec et de latin que la plupart des gens du monde, ainsi que les quatre règles de l'arithmétique, un peu d'histoire et de géographie, les belles-lettres grecques et latines, assez pour avoir quelque goût des arts et des sciences ; avant tout il voulait être obéissant, docile et très soumis aux volontés de son père et de sa mère, et, ajoutait-il, pour désarmer sans doute l'exigeant précepteur, déférer aux avis de M. Dumas ; enfin, faire des armes et monter à cheval aussi bien que ses faibles talents le lui permettraient. Ce qu'il y a de certain, c'est qu'avant l'âge de quinze ans, il possédait une connaissance solide du latin, du grec et de l'histoire, qu'il conserva toujours le goût de l'étude, qu'il employait à lire une partie du temps que lui laissaient ses campagnes et qu'il caressa même, vers la fin de sa vie, le désir d'entrer à l'Académie des Inscriptions et Belles-Lettres.

A quinze ans, Montcalm était enseigne au régiment de Hainaut. Deux ans après, son père lui achetait une compagnie à la tête de laquelle il reçut le baptême du feu devant Philipsbourg. Son père mourut en 1735 et lui laissa de vastes propriétés rurales, mais assez chargées de dettes. Un ami de sa famille, le marquis de la Fare, lui fit épouser bientôt Mlle Angélique-Louise Talon du Boulay, petite-nièce de cet intendant Talon, qui avait administré jadis le Canada avec une habileté dont ce pays conserve encore le souvenir. Mlle Talon lui apportait de grands biens et l'appui de solides influences. Des dix enfants qui naquirent de cette union, six seulement, deux fils et quatre filles, survivaient en 1752. « Dieu veuille les conserver tous, écrivait le père dans son journal, à cette même date, et les faire prospérer et pour ce monde et pour l'autre. »

Montcalm prit une part active à la guerre de succession d'Autriche. Au cours de la campagne de Bohême, il se lia avec l'intrépide Chevert d'une amitié à laquelle la mort seule mit un terme. Il devint bientôt colonel du régiment d'Auxerrois-Infanterie, et sortit sain et sauf de la dure campagne de 1744. En 1745, nous le retrouvons en Italie : il sert sous le commandement du maréchal de Maillebois et se distingue à la funeste journée de Plaisance (1746). « Nous avons eu hier, écrit-il à sa mère, une affaire des plus fâcheuses. Il y a nombre d'officiers généraux et colonels tués ou blessés. Je suis des derniers avec cinq coups de sabre. Heureusement aucun n'est dangereux, à ce que l'on m'assure, si je le juge par les forces qui me restent, quoique j'aie perdu de mon sang en abondance, ayant une artère coupée. Mon régiment, que j'avais deux fois rallié, est anéanti. » Prisonnier des Autrichiens, il est renvoyé en France sur parole. L'année suivante, le grade de brigadier le récompense de ses éclatants services. Un échange de prisonniers dans lequel il est compris lui rend toute sa liberté d'action. Il court en toute hâte reprendre le commandement de son régiment ; il assiste à la terrible affaire du col d'Exilles où le chevalier de Belle-Isle trouve la mort ; il y est encore blessé d'un coup de mousquet. La paix d'Aix-la-Chapelle le rendit au repos. Il retourna à son cher Candiac, où il se plaisait, dans l'intervalle que lui laissaient ses campagnes, à vivre auprès de sa femme, de ses enfants et de sa mère, femme d'une remarquable force de caractère et qui conserva toujours sur lui beaucoup d'influence. Plus tard, au milieu des forêts sauvages de l'Amérique, sa pensée se reportait vers les lieux où l'enfant avait passé d'heureuses années, où l'homme mûr avait goûté les joies délicieuses de la vie de famille. Accablé par les rudes épreuves qu'il eut à subir, que de fois ses compagnons l'entendirent murmurer, que de fois ceux qu'il avait laissés en France purent lire dans ses lettres ces douloureuses paroles : « Quand reverrai-je mon cher Candiac ? »

Montcalm se trouvait à Paris vers la fin de l'année 1755. Le ministre d'Argenson, qui avait apprécié ses hautes qualités, lui laissa entrevoir qu'on songeait à lui pour diriger les opérations militaires du Canada. Peu de temps après, de retour à Candiac, il recevait une lettre du ministre datée du 25 janvier 1756, et conçue en ces termes : « Peut-être ne vous attendiez-vous plus, Monsieur, à recevoir de mes nouvelles au sujet de la dernière conversation que j'ai eue avec vous le jour que vous m'êtes venu dire adieu à Paris. Je n'ai pas cependant perdu de vue un instant, depuis ce temps-là, l'ouverture que je vous ai faite alors, et c'est avec le plus grand plaisir que je vous en annonce le succès. Le Roi a donc déterminé sur vous son choix pour vous charger du commandement de ses troupes de l'Amérique septentrionale, et il vous honorera à votre départ du grade de maréchal de camp. »

Montcalm quitta immédiatement Candiac qu'il ne devait plus revoir et se rendit à la Cour. Il poussa rapidement ses préparatifs. Après avoir reçu ses instructions du ministre et présenté ses remercîments au roi, en même temps que son fils aîné, le chevalier de Montcalm, qui venait de recevoir le don d'un régiment, il partit pour Brest le 15 mars. Là, trois vaisseaux de ligne, *le Léopard, le Héros* et *l'Illustre,* armés en transports, attendaient les troupes que le général en chef emmenait au Canada ; elles comprenaient seulement deux bataillons forts ensemble de douze cents hommes, appartenant l'un au régiment de la Sarre, l'autre à celui de Royal-Roussillon. Le 3 avril, Montcalm partit avec son aide de camp Bougainville sur la frégate *la Licorne ;* ses lieutenants, les chevaliers de Lévis et de Bourlamaque, le suivirent peu après avec les frégates *la Sauvage* et *la Sirène.*

La Licorne échappa heureusement aux croiseurs anglais et aux tempêtes violentes qui l'assaillirent surtout pendant le courant de la semaine sainte. Le onze mai, arrêtée par les glaces qui barraient encore le Saint-Laurent, elle jeta l'ancre à dix lieues environ au-dessous de Québec. Montcalm gagna par terre la cité de Champlain et se rendit bientôt à Montréal où se trouvait alors le marquis de Vaudreuil, gouverneur du Canada.

Je ne veux pas refaire ici l'histoire de la Nouvelle-France. Qu'il me suffise de dire qu'à ce moment rien n'était encore perdu, malgré la défaite et la mort de Dieskau. N'eût-il eu à combattre que les forces des colonies anglaises, supérieures pourtant à celles dont il pouvait disposer, Montcalm en aurait triomphé. Ses succès d'Oswego et de William-Henri en sont la preuve. Mais l'Angleterre ne s'endormait pas comme la France. Notre pays, reniant la politique coloniale de Henri IV, de Richelieu et de Colbert, restait sourd aux appels les plus désespérés ; l'Angleterre, conduite par un ministre de génie, William Pitt, préparait une expédition formidable. Soixante mille hommes allaient, de trois côtés à la fois, assaillir le Canada. Au mois de juillet 1758, Louisbourg attaqué par Amherst était réduit à capituler. Mais le 8 juillet, au lieu qui s'appelait alors Carillon, et que l'on désigne aujourd'hui sous le nom de Ticondéroga, Montcalm, avec 3,500 hommes, mettait en pleine déroute l'armée d'Abercromby, qui, de l'aveu des Anglais eux-mêmes, en comptait au moins 17,000. L'ennemi laissait sur le terrain quatre mille morts ou blessés ; les Français avaient perdu plus de sept cents combattants, perte énorme qui ne pouvait être réparée pour une armée que l'on devait laisser sans secours. Mais ce qui rend Montcalm plus admirable encore que ne le fait cette victoire, c'est le généreux désintéressement qui le fait s'oublier lui-même, la grandeur d'âme avec laquelle il attribue tout le succès à ses lieutenants et à ses soldats. Le soir même de la bataille, il écrivait à l'intendant militaire Doreil : « L'armée et trop petite armée du roi vient de battre ses ennemis, quelle journée pour la France ! Si j'avais eu deux cents sauvages pour servir de tête à un détachement de mille hommes d'élite dont j'aurais confié le commandement au chevalier de Lévis, il n'en serait pas échappé beaucoup dans leur fuite. — Ah ! quelles troupes, mon cher Doreil, que les nôtres ! Je n'en ai jamais vu de pareilles. »

Dans son rapport officiel il disait : « M. de Lévis, avec plusieurs coups de feu dans ses habits, M. de Bourlamaque, dangereusement blessé, ont eu la plus grande part à la gloire de cette journée », et il ajoutait : « Le succès est dû à la valeur incroyable de l'officier et du soldat ; pour moi, je n'ai eu que le mérite de me trouver général de troupes aussi valeureuses. »

La joie bien légitime qu'il éprouvait de cette victoire ne pouvait triompher pourtant de son découragement. Il désirait et demandait son rappel. Le mauvais vouloir que lui témoignait Vaudreuil, le spectacle honteux des dilapidations de l'intendant Bigot et de ses associés, jetaient le désespoir dans son âme.

Pierre-François Rigaud, marquis de Vaudreuil, gouverneur du Canada, n'était point du métal dont on fait les héros. Egoïste et vain, il tenait avec acharnement à son autorité, mais il était plus jaloux de la faire recon-

naître que d'en assumer sur lui-même la responsabilité.
Il manquait de force de caractère, et se montra toujours
incapable de prendre une décision utile dans les temps
de crise. Je ne sais si le ministre de la marine dont il
relevait avait lu les pensées de Pascal, mais assurément
les dépêches que lui adressait Vaudreuil ont dû lui
suggérer cette réflexion que « le moi est haïssable ». Il
serait difficile en effet de rencontrer un homme plus
plein de lui-même, plus porté à attribuer tous les succès
à sa rare prudence, à la pénétration de ses vues, à
l'habileté des mesures qu'il avait prises, et à rejeter sur
les autres le poids des fautes dont sa déplorable admi-
nistration était trop souvent la véritable cause. Avec
cela, facile à conduire pour qui savait le manier, et
l'intendant Bigot dont je parlerai tout à l'heure était
expert en cet art. Malheureusement Montcalm avait
trop de fougue pour y réussir, et d'ailleurs il venait de
France, et Vaudreuil, né au Canada, avait une foi
exclusive dans les forces de la colonie ; il ne ressentait
que de la méfiance pour tout ce qui venait de la mère-
patrie. Plus malheureusement encore, le commandement
était partagé. Montcalm dépendait du ministre de la
guerre ; il avait sous ses ordres les réguliers de France ;
Vaudreuil avait pour chef le ministre de la marine et
commandait les réguliers de la colonie ainsi que la
milice. Quand, après la glorieuse victoire de Carillon,
un ordre exprès du roi plaça toutes les troupes dans la
main de Montcalm devenu lieutenant-général, il dut
encore déférer à l'autorité du gouverneur, et ces tirail-
lements produisirent les plus funestes effets.

Vaudreuil parut d'abord accueillir avec faveur le

nouveau général. « Il m'accable de politesses », écrivait
Montcalm au ministre de la guerre. Il écrivait encore :
« Je suis bien avec lui, sans sa confiance, qu'il ne donne
jamais à personne de la France. » Les choses, hélas !
devaient bientôt changer, et le temps n'était pas loin où
Vaudreuil le poursuivrait auprès du ministre de ses
imputations calomnieuses. Montcalm n'ignorait pas quels
étaient à son égard les sentiments intimes du gouverneur, et il appliquait à leur situation réciproque ces
vers de Corneille :

> Mon crime véritable est d'avoir aujourd'hui
> Plus de nom que [...Vaudreuil], plus de vertus que lui,
> Et c'est de là que part cette secrète haine
> Que le temps ne rendra que plus forte et plus pleine.

Un homme fut encore plus que Vaudreuil funeste à
la colonie : ce fut l'intendant François Bigot. On peut
affirmer qu'il fut par ses dilapidations éhontées l'instru-
ment principal de la perte du Canada. C'était un homme
d'affaires d'une habileté consommée, d'une grande
expérience, d'une énergie peu commune, infatigable au
travail comme au plaisir, magnifique dans son hospi-
talité, généreux pour ses amis, mais avec tout cela
d'une avidité effrénée, ne reculant devant aucune
manœuvre honteuse pour s'enrichir lui et ses complices,
ne rougissant pas de vivre au milieu de la plus fastueuse
abondance quand l'armée de la France manquait de
tout et que les malheureux Canadiens étaient réduits à
la famine.

Au premier rang des misérables déprédateurs dont il
s'était entouré, figurait le fils d'un ancien boucher de

Québec, un certain Cadet, mousse à treize ans, puis gardeur de vaches, et enfin boucher comme son père. En 1756, Bigot le nomma commissaire-général, et lui donna toute facilité pour exercer ses rapines. Dans les deux années qui suivirent, Cadet et ses associés, Péan, Maurin, Corpron et Pénisseault, vendirent au roi pour des sommes qui s'élevèrent à environ vingt-trois millions de francs des provisions qui ne leur coûtaient qu'onze millions ; ils faisaient ainsi un bénéfice net de douze millions de livres.

Bigot, de son côté, ne restait pas inactif. Avant la guerre même, en 1749, il avait persuadé au ministre des colonies que le Canada renfermait des provisions suffisantes au moins pour trois ans ; il valait mieux selon lui acheter dans la colonie toutes les choses nécessaires au service du roi que de courir toutes sortes de risques en les faisant venir de France. Le ministre adopta ses vues ; Bigot conclut un traité avec une maison de Bordeaux et se fit adresser par elle une énorme quantité d'approvisionnements ; d'accord avec un certain Bréard, contrôleur de la marine, il les déclarait appartenir au roi et les faisait ainsi entrer au Canada sans acquitter de droits de douane. Puis, à la première occasion, il les vendait sous des noms fictifs, à un taux élevé, pour le service du roi. Quelquefois ces approvisionnements étaient achetés successivement par plusieurs complices de Bigot qui prélevaient chacun leur bénéfice et partageaient ensuite avec l'intendant. Sous le nom d'un marchand nommé Claverie, il avait établi à Québec, sur un terrain qui appartenait au roi, un vaste magasin dans

lequel les navires venus de Bordeaux versaient leur cargaison. Ces marchandises étaient alors vendues en détail aux habitants, ou à de gros marchands que l'intendant favorisait, ou bien au roi lui-même. Les Canadiens désignaient sous le nom de la Friponne cet établissement dont une succursale existait à Montréal.

Je pourrais citer bien des faits de ce genre. En voici un particulièrement odieux. Quand les Anglais commirent en Acadie l'acte abominable de la déportation de tout un peuple, un certain nombre d'Acadiens réussirent à s'échapper ; les malheureux exilés se réfugièrent au Canada. Ils étaient dénués de tout ; Bigot chargea Cadet de leur fournir des vivres. Celui-ci leur livra de la morue tellement gâtée qu'elle ne pouvait être vendue, et il se la fit payer par le roi à un prix exorbitant.

Ce fut encore Cadet qui prétendit, dans un moment de disette, que les Canadiens recelaient leurs grains ; il obtint l'ordre qu'ils lui fussent livrés à un prix fixé très bas et cela sous peine de confiscation. Tous les blés de la colonie passèrent ainsi entre ses mains. Il les revendit ensuite le prix qu'il voulut, soit au roi, soit aux premiers possesseurs.

Le Canada était la proie de ces misérables. Personne n'ignorait leur conduite infâme ; mieux que qui que ce soit, le gouverneur connaissait toute la vérité. On assure qu'il ne participa nullement à ces fraudes, et que ses mains restèrent pures. Et de fait, quand, après la perte du Canada, une condamnation trop longtemps attendue frappa Bigot et ses complices, Vaudreuil poursuivi avec eux fut absous par ses juges. Je crois volontiers qu'il refusa de se laisser corrompre; sa responsabilité est assez grande sans cette honte de plus. Son crime, et ce terme n'a rien d'exagéré, c'est d'avoir fait tout ce qui était en lui pour tromper le ministre sur ce qui se passait au Canada. Il qualifiait de mensonge les accusations lancées contre Bigot; il le représentait comme plein de zèle pour le service de Sa Majesté; ses richesses seules, disait-il, lui attiraient les calomnies des envieux. Il faisait plus : il demandait pour Cadet des lettres de noblesse. Quand Péan se rendit en France en 1758, il écrivait qu'il avait en lui une entière confiance et il affirmait au ministre que, quand il le connaîtrait bien, il l'aimerait autant qu'il le faisait lui-même.

Quelle différence entre la conduite de Vaudreuil et les sentiments de Montcalm! Le noble soldat sentait son cœur se soulever à la vue de toutes ces turpitudes. Il gémissait au spectacle de cette corruption qui gagnait comme une lèpre; le nombre était faible des fonctionnaires et des officiers de la colonie qui avaient su se préserver de la honteuse contagion. Il faudrait lire à ce sujet les lettres que Montcalm adressait à sa famille, à ses amis, et surtout à Bourlamaque auquel il s'ouvrait sans réserve. « Quel pays ! écrivait-il à sa mère, tous les marauds y font fortune et tous les honnêtes gens s'y ruinent. » Ailleurs il écrit à Bourlamaque qu'il n'a pu dormir en songeant à toutes ces voleries, et il s'écrie avec une angoisse patriotique : « Pauvre roi, pauvre France, *cara patria.* »

On comprend que le spectacle de toutes ces infamies ait jeté le découragement dans son âme, et qu'il ait,

comme je l'ai dit plus haut, demandé son rappel. Le
12 juillet 1758, quatre jours après sa victoire de
Carillon, il écrivait au ministre : « Si jamais il y a eu
un corps de troupes digne de grâces, c'est celui que j'ai
l'honneur de commander ; aussi, je vous supplie, mon-
seigneur, de l'en combler. Pour moi, je ne vous en
demande d'autre que de me faire accorder par le roi mon
retour ; ma santé s'use, ma bourse s'épuise. Je devrai
10,000 écus au trésorier de la colonie, et plus que tout
encore, l'impossibilité où je suis de faire le bien et
d'empêcher le mal me détermine à supplier avec instance
Sa Majesté de m'accorder cette grâce, la seule que
j'ambitionne ; jusqu'alors je donnerai volontiers le dernier souffle de ma vie pour son service. »

Mais l'orage grossit ; l'ennemi a remporté quelques
avantages ; il serre de plus en plus la colonie qui
s'épuise. Le devoir commande de rester, et Montcalm
n'est pas de ceux qui restent sourds quand le devoir les
appelle : « J'avais demandé, écrit-il au ministre, mon
rappel après la glorieuse journée du 8 juillet, mais,
puisque les affaires de la colonie vont mal, c'est à moi
à tâcher de les réparer ou d'en retarder la perte le plus
qu'il me sera possible. »

Ce n'est pas qu'il espère le salut ; il a trop de clair-
voyance pour n'avoir pas sondé l'abîme. Il se tourne
encore vers la France ; se peut-il que ceux qui l'ont
envoyé au secours de la colonie l'abandonnent dans cette
extrémité ? Il adresse au ministre de la guerre cette lettre
navrante qu'on a si justement appelée le testament de
Montcalm et de la colonie. « Toutes les augoisses patrio-

tiques, écrit M. de Bonnechose, que Montcalm refoulait
depuis cinq mois au fond de son cœur, jaillissent dans
cette dépêche en phrases bien saccadées comme des coups
de feu. Dans un relief saisissant, les causes de l'inévi-
table ruine de la colonie apparaissent ; ténébreuses
voleries, concussions, monstrueuses complicités, sont
inondées de lumière. De quels traits ce grand honnête
homme peint la curée du Canada aux abois, et l'aug-
mentation des dépenses qui, n'étant que de treize millions
de livres en 1757, se sont élevées au double en 1758 et
vont monter à trente-six millions, « car, ajoute-t-il,
» tous se hâtent de faire leur fortune avant la perte de
» la colonie, que plusieurs peut-être désirent comme un
» voile impénétrable de leur conduite. » Puis, traitant de
la direction des affaires, il récapitule les fautes accumu-
lées pendant l'hiver quand il n'en restait plus une seule
à commettre. Enfin, après avoir comparé les misérables
ressources de la colonie aux forces qui vont l'assaillir,
il conclut ainsi : « Si la guerre dure, le Canada sera
» aux Anglais, peut-être dès cette campagne ou la pro-
» chaine ; si la paix arrive, colonie perdue si tout le
» gouvernement n'est pas changé (1) ».

On sait le triste résultat de la mission dont Bougainville avait été chargé par Montcalm auprès du gouvernement de la métropole. Le Canada fut abandonné. Un
envoi dérisoire de trois cent vingt-six recrues, des
munitions et quatre-vingts jours de vivres pour les

(1) M. Ch. DE BONNECHOSE, *Montcalm et le Canada français*,
pp. 110-111.

troupes, voilà tout ce que Montcalm a pu obtenir. Le ministre de la guerre lui envoie une lettre dont il faut citer les termes :

« Je suis bien fâché d'avoir à vous mander que vous ne devez point espérer recevoir de troupes de renfort. Outre qu'elles augmenteraient la disette des vivres que vous n'avez que trop éprouvée jusqu'à présent, il serait fort à craindre qu'elles ne fussent interceptées par les Anglais dans le passage ; et, comme le roi ne pourrait jamais vous envoyer des secours proportionnés aux forces que les Anglais sont en état de vous opposer, les efforts que l'on ferait ici pour vous en procurer n'auraient d'autre effet que d'exciter le ministère de Londres à en faire de plus considérables pour conserver la supériorité qu'il s'est acquise dans cette partie du continent. »

— « Il est de la dernière importance, ajoutait le ministre, de conserver un pied dans le Canada, quelque médiocre qu'en soit l'espace, car si nous l'avions perdu en entier, il serait comme impossible de le ravoir. C'est pour remplir cet objet que le roi compte sur votre zèle, votre courage et votre opiniâtreté, et que vous mettrez en œuvre toute votre industrie, et que vous communiquerez les mêmes sentiments aux officiers principaux et tout ensemble aux troupes qui sont sous vos ordres.... J'ai répondu de vous au roi et je suis bien assuré que vous ne me démentirez pas, et que, pour le bien de l'Etat, la gloire de la nation et votre propre conservation, vous vous porterez aux plus grandes extrémités plutôt que jamais subir des conditions aussi honteuses qu'on a faites à Louisbourg dont vous effacerez le souvenir. »

A cette lettre qui lui signifie un aussi cruel abandon, Montcalm répond par ces simples paroles, grandes comme les plus grandes paroles des héros antiques : « J'ose vous répondre de mon entier dévouement à sauver cette malheureuse colonie ou à mourir. »

Aux préoccupations du général s'ajoutent les soucis du fils, du mari, du père. Il semble qu'il n'a jamais mieux aimé les siens qu'à cette heure, et les lettres qu'il écrit à sa mère et à sa femme portent l'empreinte de la plus affectueuse tendresse. Bougainville, qu'il avait chargé de négocier pendant son séjour en France les mariages de son fils aîné et de la plus âgée de ses filles, a réussi dans sa mission. Mais, au moment où il quittait la France, il a appris une triste nouvelle ; on disait qu'une fille de son général venait de mourir ; laquelle ? il n'avait pu le savoir : « Ah ! s'écrie le père, c'est sans doute la pauvre Mirète qui me ressemblait et que j'aimais tant. » Hélas ! le malheureux père devait mourir sans savoir lequel de ces êtres si chers il avait à pleurer.

Les évènements se précipitent. A Québec et à Montréal, on croyait n'avoir à redouter qu'une attaque du côté du lac Champlain et des rapides du Saint-Laurent. Les précautions étaient prises. Tout à coup on apprend qu'une escadre anglaise portant un corps de neuf mille hommes commandé par Wolfe se dirige vers l'embouchure du Saint-Laurent ; son objectif est Québec. Déjà Durell envoyé en avant pour intercepter toute communication avec la France a pénétré dans le fleuve ; mais avant son arrivée, les vaisseaux français commandés par Canon avaient pu débarquer à Québec les

faibles secours envoyés par la France. Les amiraux
Saunders et Holmes ont rejoint Durell ; vingt-deux
vaisseaux de ligne, des frégates, des sloops de guerre
et un grand nombre de transports remontent le cours
majestueux du Saint-Laurent. Le 21 juin, les habitants
de Québec voient avec stupeur les mâts de quelques
navires ennemis.

Les Anglais ont à leur bord un gentilhomme canadien,
Denis de Vitré, qu'ils ont pris en mer ; il les guidera
dans la remonte difficile du fleuve ou bien il devra
mourir ; Vitré n'a pas su choisir la mort. Durell s'est
encore procuré par ruse d'autres pilotes. Il a fait frapper
aux mâts de ses vaisseaux le pavillon français ; les
pilotes canadiens croient que des secours leur viennent
de France. Ivres de joie, ils se jettent dans leurs barques
et accostent les vaisseaux anglais ; ils sont prisonniers,
et les couleurs de la France sont remplacées par le
pavillon anglais. La tradition veut qu'à ce moment un
prêtre canadien qui suivait cette scène avec une longue-
vue soit tombé mort de saisissement. C'est ainsi que les
Anglais purent franchir le dangereux passage de la
Terrasse qui se trouve entre le cap Tourmente et l'extrémité de l'Isle-d'Orléans. Quelques troupes sont
débarquées dans cette île et s'y établissent ; d'autres
franchissent le bras qui sépare l'île de la rive droite du
fleuve, gagnent la pointe Lévi située en face de Québec,
s'y retranchent et disposent des batteries.

A cette invasion redoutable, Montcalm ne peut
opposer que 3,500 des réguliers de France, 2,000 hommes
formant les réguliers de la colonie, et environ 12,000 mi-

liciens. L'appel suprême de Vaudreuil et de l'évêque Pontbriant a été entendu ; tout prêts à ajouter de nouvelles souffrances à celles qu'ils ont déjà endurées, les Canadiens sont accourus. On n'aura certes jamais assez d'éloges pour cette vaillante population qui ne recula devant aucun sacrifice pour garder son indépendance ; mais que pouvaient des miliciens mal exercés, mal armés, se pliant mal aux lois de la discipline, contre des troupes habituées aux grandes guerres de l'Europe ? Bons pour la guerre de surprise, les miliciens tenaient mal en rase campagne. Wolfe les méprisait ; il disait que Montcalm était à la tête d'un corps nombreux d'hommes armés, mais non pas d'une armée. Montcalm lui-même n'osait se fier à leur solidité. « A l'égard de la valeur, disait-il, nul ne rend aux Canadiens plus de justice que moi et les Français, mais je ne les emploierai que dans leur genre et je chercherai à étayer leur bravoure de l'avantage des bois et de celle des troupes réglées. » Cette opinion du général explique pourquoi il préfère rester sur la défensive, en échelonnant son armée sur la rive du Saint-Laurent, de la rivière Saint-Charles qui se jette dans le fleuve un peu au-dessous de Québec, jusqu'à la chute du Montmorency, à huit ou neuf milles de distance.

Arrêté ainsi par le camp retranché de Beauport, Wolfe se consume d'impatience. Une tentative faite pour brûler la flotte anglaise, une attaque dirigée contre le camp de la pointe Lévi, ont, il est vrai, misérablement échoué ; mais il brise lui-même ses forces dans l'assaut qu'il donne le 31 juillet aux collines de la rive gauche du Montmorency. Montcalm et le brave Lévis, digne de commander sous un tel chef, viennent de sauver pour trop peu de temps, hélas ! la colonie mourante.

Non content de couvrir inutilement de bombes la ville de Québec, car il pouvait incendier la ville, mais non venir à bout de la patience des habitants, Wolfe donne l'ordre cruel de ravager les villages des Canadiens fidèles à la France. Le feu et le fer font leur office, et, chose horrible à dire, un capitaine anglais, Alexandre Montgomery, du 33° régiment, alla jusqu'à faire fusiller de sang-froid les prisonniers.

Il s'était passé le 18 juillet un fait dont les conséquences devaient être bien graves. Entre Québec et la pointe Lévi, le fleuve se resserre et n'a plus que la largeur d'un mille. On pensait qu'aucun vaisseau ennemi n'oserait remonter le fleuve sous le feu des batteries de la ville. A onze heures de nuit, *le Sutherland*, couvert par une furieuse canonnade des batteries anglaises, passa au-dessus de la ville avec une frégate et quelques petits navires, et l'ennemi eut bientôt une vraie flottille en amont de Québec.

Cette manœuvre des Anglais obligea Montcalm à diviser ses forces et il dut envoyer Bougainville avec 1,500 hommes défendre les points menacés.

Le temps s'écoulait toujours, la mauvaise saison n'allait pas tarder à venir et Wolfe songeait déjà, dit-on, à laisser un détachement dans l'Ile aux Coudres entre Québec et la mer et à se retirer pour revenir au printemps. Son tempérament débile n'a pu résister à tant de fatigues ; il tombe gravement malade. A peine rétabli, il forme le hardi projet d'escalader avec son armée en amont de Québec les hauteurs à l'extrémité desquelles la ville descend jusqu'au bord du fleuve.

Il lève secrètement le camp de Montmorency, remonte la rive droite du Saint-Laurent et va s'embarquer sur les vaisseaux de Holmes. Dans la nuit du 12 au 13 septembre, trompant la surveillance de Bougainville, il prend terre à l'anse du Foulon, escalade les hauteurs mal gardées et range silencieusement ses troupes dans les plaines d'Abraham.

Montcalm accourt à la hâte avec les bataillons de la Vieille-France ; d'accord avec ses officiers, il décide d'attaquer l'ennemi sans retard. Il forme son armée en trois corps, les réguliers au centre, des réguliers et des Canadiens aux deux ailes. Elle s'élance contre les Anglais ; malheureusement les Canadiens qui étaient dans les bataillons se pressent de tirer et, dès qu'ils l'ont fait, de mettre ventre à terre pour charger, ce qui rompt tout l'ordre. Les Anglais font quelques pas en avant ; ils s'arrêtent et font une effroyable décharge qui couvre la terre de morts et de blessés ; la droite de l'armée française plie et entraîne le reste de la ligne. Montcalm s'efforce en vain de rallier ses troupes ; il est emporté vers la ville par le torrent des fuyards. Au moment où il approchait des remparts, une balle lui traverse le corps. Il reste à cheval, deux grenadiers le soutiennent ; il entre dans la ville par la porte Saint-Louis. Au milieu de la foule inquiète qui attendait derrière cette porte, étaient plusieurs femmes attirées sans doute par le désir de connaître le résultat du combat. Une d'elles reconnut Montcalm, vit le sang qui coulait de la blessure et s'écria : « O mon Dieu ! mon Dieu ! le marquis est tué ! » — Ce n'est rien, répondit l'héroïque général, ce n'est rien ; ne vous effrayez pas pour moi, mes bonnes amies. »

Montcalm était mortellement frappé et ne devait survivre que peu d'heures à son glorieux rival, tué sur le champ de bataille même. Transporté dans la maison du chirurgien Arnoux, il demanda combien de temps il avait encore à vivre. « Douze heures au plus », fut la réponse. « Tant mieux, répliqua-t-il, je serai heureux de mourir avant la reddition de Québec ». Il ajouta que sa consolation était d'avoir été vaincu par un ennemi si vaillant ; il fit l'éloge du chef qui devait lui succéder, le chevalier de Lévis, dont il estimait hautement le caractère et les talents. Sa dernière pensée fut pour les Canadiens que ses efforts n'avaient pu sauver et dont il se savait si ardemment aimé : « Général, écrivit-il à Townshend, l'humanité des Anglais me tranquillise sur le sort des prisonniers français et sur celui des Canadiens. Ayez pour ceux-ci les sentiments qu'ils m'avaient inspirés ; qu'ils ne s'aperçoivent pas d'avoir changé de maître. Je fus leur père, soyez leur protecteur. » Il reçut ensuite les derniers sacrements des mains de l'évêque Pontbriand, qui, presque succombant lui-même à une maladie mortelle, avait voulu l'assister à son lit de mort. Il expira doucement le 14 septembre à quatre heures du matin ; il était dans sa quarante-huitième année.

Dans la confusion du moment, on ne put trouver un ouvrier pour fabriquer un cercueil. Un vieux serviteur

des Ursulines, connu sous le nom du bonhomme Michel,
assembla grossièrement quelques planches entre les-
quelles on déposa le corps de l'héroïque soldat. Le soir
du même jour, on le transporta silencieusement vers la
chapelle du couvent des Ursulines qui devait être sa
dernière demeure. Là, une bombe avait en éclatant
formé dans le sol une excavation que l'on agrandit pour
en faire une tombe. Après le service et le chant, le corps
fut à la lueur des torches descendu dans la fosse ; alors
les pleurs et les sanglots éclatèrent ; il semblait à tous
les assistants qu'on enterrait avec les restes du général
la dernière espérance de la colonie. Et de fait, les funérailles de Montcalm furent les funérailles de la Nouvelle-
France (1).

A cette même date du 14 septembre 1759, un capitaine
de la marine française, M. de Foligny, qui comptait
parmi les défenseurs de Québec, écrivait dans son
journal : « A huit heures du soir, dans l'église des
Ursulines, fut enterré dans une fosse faite sous la chaire
par le travail de la bombe M. le marquis de Montcalm, décédé du matin à quatre heures après avoir reçu
tous les sacrements. Jamais général n'avoit été plus
aimé de sa troupe et plus universellement regretté. Il
étoit d'un esprit supérieur, doux, gracieux, affable, fami-
lier à tout le monde, ce qui lui avoit fait gagner la
confiance de toute la colonie : *Requiescat in pace.* »
Quelle oraison funèbre vaudrait ces simples paroles ?

---

(1) Pour ce qui concerne les derniers moments et les funérailles
de Montcalm, j'ai suivi et quelquefois traduit l'excellent récit de
M. Parkman : *Montcalm and Wolfe*, 1884, t. II.

Un homme se trouva pourtant, qui chercha à noircir la mémoire de Montcalm. Cet homme, ce fut Vaudreuil. Toujours ardent à se justifier aux dépens des autres, il imputait la perte du Canada au refus que Montcalm avait fait de suivre ses conseils, à son amour-propre, à son ambition démesurée ; il l'accusait de s'être servi de ses troupes pour faire peser sur le Canada le joug le plus affreux ; il l'accusait d'avoir diffamé les honnêtes gens, encouragé l'insubordination, fermé les yeux aux rapines de ses soldats. Dans une autre lettre également adressée au ministre de la marine il avait la bassesse de dire que Montcalm avait trouvé la mort en essayant d'échapper aux Anglais.

Des écrivains étrangers ont voulu imputer sinon à la complicité, du moins à l'indifférence de Montcalm le massacre que les Indiens firent des prisonniers anglais après la reddition du fort William-Henry. Les faits prouvent au contraire qu'il fit tout ce qu'il put pour l'empêcher, qu'il exposa même sa vie pour sauver ces malheureux prisonniers.

Aujourd'hui la gloire de Montcalm rayonne d'un pur éclat dans notre histoire ; il n'est pas de gloire plus incontestée. Beaucoup d'autres généraux sont morts comme lui pour la patrie ; nous les admirons sans doute, mais pourquoi donc celui-ci a-t-il le privilège de nous toucher davantage? Ce n'est pas seulement sa grandeur d'âme, son noble désintéressement, sa mâle intrépidité qui nous rendent cher son souvenir. Grâces à Dieu, de telles vertus ne sont pas rares au pays de France. Ce qui nous attache plus particulièrement à lui, ce sont les

souffrances endurées dans le lâche abandon où le laissa
la mère-patrie, c'est cette lutte hors de toute proportion
qu'il soutint sans fléchir contre un ennemi redoutable.
En aimant, en vénérant sa mémoire, les fils veulent
réparer la faute dont leurs pères furent coupables. Est-ce
assez pourtant ? Les Anglais se sont honorés en élevant
aux deux héros des plaines d'Abraham, Montcalm et
Wolfe, un obélisque qui porte cette inscription : *Mortem
virtus communem, famam historia, monumentum
posteritas dedit.* Aucun monument ne rappelle en
France le souvenir de Montcalm.

Il fut pourtant dans ce xviii⁰ siècle où la vieille société
française croulait de toutes parts, un des héritiers les
plus authentiques de cette fière et intrépide noblesse à
laquelle notre pays a dû jadis une bonne part de sa
grandeur ; légère sans doute, frivole, indisciplinée,
aisément factieuse jusqu'au jour où Richelieu la plia
sous sa main de fer, où Louis XIV l'endormit dans les
mollesses de Versailles ; mais toujours ardente, dévouée
aux nobles causes, brave jusqu'à la témérité, généreuse
jusqu'au sacrifice. Ne sont-ce pas là les défauts et les
qualités de la nation même ? Montcalm n'eut, lui, que des
vertus, et cependant, lorsqu'on a élevé des statues à
tant de gloires douteuses, il attend encore la sienne.

La France n'a plus de colonie au Canada, mais les
Canadiens sont toujours restés Français. Par quel con-
cours de circonstances, et sous l'influence de quelles
causes, ont-ils ainsi réussi à conserver, sous la domina-
tion d'un peuple étranger, longtemps ennemi de la
France, leur caractère national, leurs institutions, leur

langue, leur religion ? Questions intéressantes que vous vous proposez, Monsieur, d'étudier et dont vous voulez bien promettre de nous entretenir .Tout n'a pas été dit sur le Canada ; il reste sans doute encore bien des documents ignorés, qu'un chercheur patient peut découvrir, dont un habile historien peut tirer profit. Nous souhaitons, Monsieur, que vous nous apportiez bientôt une longue étude semblable à celle que nous venons d'entendre. Vous ne pourrez manquer de trouver en nous des auditeurs attentifs, puisque nous serons captivés alors, comme nous l'avons été aujourd'hui, par l'intérêt du sujet et par le talent de l'écrivain.

17 Decembre 1886.

74

www.ingramcontent.com/pod-product-compliance
Lightning Source LLC
Chambersburg PA
CBHW060816280326
41934CB00010B/2709